AF245390

SOCIÉTÉ DES ŒUVRES DE MER
18, rue La Trémoïlle, Paris-8e
RECONNUE D'UTILITÉ PUBLIQUE PAR DÉCRET DU 7 DÉCEMBRE 1898

NAVIRES-HOPITAUX
de Terre-Neuve, d'Islande et de la Mer du Nord

ET

MAISONS DE MARINS
de Terre-Neuve et d'Islande

LE NAVIRE-HOPITAL A VAPEUR « SAINT-FRANÇOIS D'ASSISE »

DISCOURS
PRONONCÉ A L'ASSEMBLÉE GÉNÉRALE
du 4 Avril 1911

par M. Charles LE GOFFIC
Homme de Lettres

pêcheurs, à l'intéresser aux souffrances et aux besoins
de ces pauvres gens, j'en suis largement récompensé
par l'honneur qu'ont bien voulu me faire votre président et le Comité des Œuvres de Mer.

*
* *

Mesdames, Messieurs, il y a quinze ans que s'est
constituée cette Société des Œuvres de Mer. Ses
ambitions étaient fort modestes à l'origine : elle ne
se proposait que de réunir les fonds nécessaires
à l'entretien d'un aumônier et d'un médecin sur les
Bancs de Terre-Neuve; elle n'osait attendre davantage
de la charité privée, même soutenue par les pouvoirs
publics. Vous savez comme ses prévisions furent
dépassées et que, dès la première année de sa fonda-
tion, elle put mettre sur chantier un navire-hôpital et
jeter les bases de sa Maison de famille saint-pierraise. Le 20 avril 1896 au matin, peu de jours après
sa bénédiction solennelle par le délégué de Mgr l'archevêque de Rennes, le *Saint-Pierre* appareillait de
Saint-Malo et faisait voile vers le Banc. Il y parve-
nait le 10 mai et se mettait à la besogne le lendemain.
A la fin de la journée du 11, il avait accosté onze
bateaux, donné des vivres à l'un, du charbon à l'autre,
des nouvelles et des consultations à tous. Quatre
éclopés du *Pierre-Philippe* étaient recueillis dans la

LE « SAINT-FRANÇOIS D'ASSISE » SUR LE PLATEAU DU GRAND BANC
Vue prise le 19 août par M. ESNOUF chef mécanicien du Navire-hôpital.

même journée. Enfin, le *Saint-Pierre* recevait sa première visite et opérait sa première cure morale sur la
personne d'un capitaine fécampois.

Ce brave homme commandait la *Baucis*. Un joli
nom, un triste navire ! C'est sur cette *Baucis* que,
l'année précédente, un novice de seize ans, un enfant,
pris en grippe par le subrécargue du bord, avait été
lardé de coups d'épiquois jusqu'à expiration. Le capitaine ne s'était pas interposé; l'équipage, terrorisé ou
complice, avait laissé faire. Un subrécargue est une
puissance à bord. Celui-ci n'eût peut-être pas été
inquiété si, au retour, il ne s'était vanté de son
crime dans les cabarets. La justice s'en mêla. Quand
la *Baucis* revint sur le Banc, son équipage avait fait
peau neuve, à l'exception de trois hommes. Mais une
fatalité pesait sur le navire depuis son départ de
Fécamp. Au cours de la traversée, un pêcheur s'était
jeté par-dessus les bastingages; sur le Banc, un doris
s'était perdu avec le second et l' « avant », qui
le montaient. Or, ce pêcheur, ce second et cet
« avant » de doris étaient justement les trois hommes
qui restaient de l'ancien équipage et qui, témoins du
crime, n'avaient pas eu le courage de l'empêcher.
Et le capitaine de la *Baucis*, superstitieux comme tous
les marins, voyait là plus qu'une simple coïncidence :
une campagne commencée sous de si funèbres

auspices ne pouvait finir que par une catastrophe générale ; sûrement le navire était « maudit »..... L'aumônier du *Saint-Pierre* prit à part le pauvre homme, et vous imaginez aisément ce que put être leur entretien, quoique rien n'en ait transpiré au dehors. Votre Bulletin, avec la discrétion qui convient en ces matières délicates, se borne à dire que le capitaine de la *Baucis* regagna son navire « l'esprit plus tranquille et le cœur un peu remonté ». (*Vifs applaudissements.*)

Ainsi, dès le premier jour de son entrée en campagne, le *Saint-Pierre* avait affirmé la double utilité de sa mission : le médecin du corps et le médecin de l'âme, qu'il transportait sur le Banc, s'étaient employés, dans une collaboration étroite, au sauvetage de cinq malheureux.

*
* *

Vraiment le début était beau, trop beau peut-être ! Vingt jours après, le *Saint-Pierre* faisait côte ; l'équipage réussissait à se sauver, mais le navire était perdu.

Bien des œuvres naissantes ne se fussent pas relevées d'une pareille avanie : la vôtre n'y vit qu'un stimulant. Une obscure coalition de forces adverses vous avait enlevé votre premier hôpital flottant ?

LA « NOTRE-DAME DE LA MER » QUITTANT DUNKERQUE LE 23 MARS 1911

Vous répondites à l'agression des éléments par la mise en chantier de deux nouveaux navires : le *Saint-Pierre* nᵒ 2, destiné à Terre-Neuve, et le *Saint-Paul*, destiné à l'Islande.

C'étaient deux voiliers encore — vos ressources ne vous avaient pas permis de faire davantage; — ils partirent tous les deux en 1897, et leur carrière fut brève : en Islande, le *Saint-Paul* s'éventrait sur les rochers; à Terre-Neuve, le *Saint-Pierre* abordait une goélette de Saint-Malo, la coulait par le fond et manquait de disparaître avec elle.

Cette fois, tout paraissait dit. Mais vous avez un privilège bien rare, même pour des croyants : vous sortez plus forts des épreuves qui vous frappent; le malheur ne brise pas votre élan, il le redouble. Vous l'accueillez presque comme un ami; vous voyez en lui le gage de vos succès futurs; vous savez que les grandes œuvres, comme les grands caractères, se trempent dans l'adversité. Ceux qui ne vous connaissent pas peuvent s'étonner de la façon détachée et souriante dont vous supportez les pires calamités. Le secret de votre indémontable optimisme, je l'ai trouvé dans ces lignes si simples et si charmantes d'un de vos aumôniers, M. l'abbé Silvent. Le *Saint-Pierre* venait d'essuyer en Islande une série de terribles coups de vent; il avait failli sombrer en route, et le bon M. Silvent écrivait dans l'innocence de son âme : « Le Seigneur nous réserve sans doute de nombreuses consolations spirituelles, car il ne nous ménage pas les tempêtes. » (*Vifs applaudissements.*)

Il ne vous les a pas ménagées à vous non plus, Messieurs : tempêtes budgétaires et tempêtes politiques. Comme M. l'abbé Silvent, vous les avez acceptées avec reconnaissance. C'était, à vos yeux, une rançon bien légère des magnifiques satisfactions que la Providence vous gardait en réserve, et l'avenir a montré que vous n'étiez pas de si mauvais calculateurs. (*Applaudissements.*)

※
※ ※

Aujourd'hui, les Œuvres de Mer sont en pleine prospérité. L'élan de la charité publique ne s'est pas ralenti, et, grâce à elle, les voiliers d'antan, d'un maniement si incommode et parfois si dangereux, ont été remplacés par deux steamers : le *Saint-François d'Assise* et la *Notre-Dame de la Mer*, modèles de légèreté, de confort et de résistance.

Tous deux sont partis la semaine passée pour leur destination respective. Nos pêcheurs les attendent. Ils guettent avidement sur l'horizon le panache de leurs cheminées : ils les verront bientôt parmi eux et ils se sentiront moins seuls, moins perdus dans

l'immensité, comme si la France s'était soudain rap-
prochée. Vous la leur apportez dans vos mains cor-
diales; vous leur soufflez au visage la bonne odeur
de ses colzas, de ses pommiers, de ses genêts en
fleur; dans les eaux d'Islande comme à Terre-Neuve,
sur ces deux grandes paroisses des mers que vous
avez annexées au domaine ecclésiastique, vos navires
ne sont pas seulement des ambulances : ce sont des
clochers en marche, selon l'expression d'un de vos
aumôniers. Là est leur force sur les âmes. Ils
évoquent la patrie absente; ils installent son symbole
au milieu des exilés; ils suivent leur caravane sur le
désert des eaux, comme l'arche d'alliance suivait les
Hébreux sur le désert des sables. « Mourir n'est rien,
me disait un Breton; mais c'est mourir deux fois que
de mourir loin de son pays. » Nos pêcheurs d'Islande
et de Terre-Neuve craignent moins la mort maintenant qu'ils sont sûrs, comme chez eux, de mourir
à l'ombre de la croix. (*Applaudissements*.)

Et sans doute, Mesdames et Messieurs, si vif soit
l'attachement de nos pêcheurs pour les principes religieux de leur enfance, nous devons nous garder de
trop grandes illusions. « Tous les marins ne sont pas
des saints », confessait naguère le P. Yves, qui est
payé pour les bien connaître. Ils ne sont même pas
toujours des exemplaires d'humanité très recomman-

dables. L'alcool déchaîne quelquefois en eux les pires passions, et ce n'est pas sur la *Baucis* seulement qu'un novice a été torturé par ses chefs. Le martyrologe de la grande pêche, s'il était jamais dressé, donnerait le frisson. Cependant, depuis que vous êtes là, on constate une diminution sensible de la criminalité maritime. Si vous n'avez pas fait des « saints » de nos 12 000 pêcheurs hauturiers, vous avez réveillé chez beaucoup d'entre eux les bons instincts assoupis. Il a suffi que vous alliez à eux, que vous leur parliez comme à des frères de souffrance, que vous pansiez leur âme comme vous aviez pansé les plaies de leur corps. Jadis, avant l'établissement de votre Maison de famille saint-pierraise, le Barachois, bon an, mal an, faisait une quinzaine de victimes parmi les marins en état d'ébriété. Dès l'année 1897, ce chiffre descendait à 7; en 1899, il n'était plus que de 4, pour remonter à 9 en 1900, redescendre à 6 en 1901 et tomber enfin à zéro en 1903.

« Chose absolument inouïe jusqu'à ce jour dans les annales de la colonie, écrivait votre rapporteur, aucun marin, ni à l'armement ni au désarmement, ne s'est noyé, cette année, dans le Barachois. » (*Applaudissements.*)

* *

Il y avait bien de quoi crier au miracle, en effet.

Mais les miracles, vous en êtes si coutumiers, que celui-ci a déjà cessé peut-être de vous étonner. Je ne le relève que pour mémoire et afin de montrer l'efficacité de votre action dans les domaines les plus divers.

Car il ne vous suffisait pas d'accompagner nos pêcheurs au large, de les soigner, de les réconforter, de les ravitailler de toutes les façons, moralement et matériellement : vous prétendiez les suivre à terre où ils ne courent pas moins de dangers qu'à bord.

Et comme vous aviez raison ! Il faut avoir vécu dans l'intimité des gens de mer pour savoir combien ils sont incapables de se conduire « par leurs propres moyens », ainsi qu'on dit des barques démâtées qui veulent gagner le port sous une voile de fortune. Leurs muscles d'athlètes, leurs gros poings, leur cuir fauve, hâlé et comme saur, les font paraître terribles, et, livrés à eux-mêmes, ce sont des faibles, des veules, presque des enfants. Ils n'ont pas encore pris terre qu'ils sont déjà la proie des « hôtesses » et des débitants. Tout un syndicat d'exploiteurs patentés travaille à les rançonner jusqu'au dernier sou et n'y réussit ordinairement que trop bien.

Le péril est moins grand sans doute en Islande, où nos goëlettes ne font que de courtes relâches dans les fiords pour livrer leur pêche aux « chasseurs ». Mais à Saint-Pierre, pendant les trois semaines que dure l'armement, et, plus tard, quand les « banquais » viennent au ravitaillement, quand ils rallient une dernière fois en septembre le Barachois, c'est une population flottante de 4 à 5 000 émigrants qui est exposée d'une façon presque permanente à toutes les tentations de la débauche. Ajoutez que Saint-Pierre armait jusqu'à ces derniers temps, pour son propre compte, près de 200 goélettes, que l'équipage de ces goélettes couchait fréquemment à terre, enfin que les « chauffauds » employaient au séchage de la morue, sur les « graves », un millier de petits Bretons dont le sort lamentable était bien fait pour vous préoccuper. Donner à tous ces pauvres gens, errants de la mer ou parias des « graves », un asile temporaire, une maison commune, l'illusion du foyer domestique retrouvé, quel rêve! Et vous l'avez réalisé. Vous l'avez même dépassé, comme c'est votre habitude. En moins de dix années, contre vents et marées, vos admirables aumôniers de Saint-Pierre ont si bien manœuvré — pardonnez-moi cette expression maritime qui n'est pas déplacée ici — que le Cercle des marins, le petit Cercle familial d'antan est devenu un vaste et confortable immeuble avec chapelle, salle de récréation, préau, dortoir, salle à manger même — car maintenant vous hébergez et

LES GRAVIERS A LA MAISON DE SAINT-PIERRE

vous restaurez aussi les pêcheurs..... Tout le monde y trouve son compte, en définitive, à l'exception des cabaretiers. Un de vos Bulletins annuels annonçait que trois de ces commerçants avaient dû fermer boutique. Mais, par une rencontre singulière, c'était l'année même où, pour la première fois depuis que les goélettes relâchent à Saint-Pierre, aucun ivrogne n'avait trouvé la mort dans le Barachois. Et vous estimerez peut-être que ce n'est pas payer trop cher la débâcle commerciale d'un trio d'empoisonneurs. (*Vifs applaudissements.*)

** **

Mesdames et Messieurs, je crains d'abuser de votre patience..... (*Protestation unanime.*) J'éprouve comme il est difficile de parler d'une œuvre comme la vôtre, et comme tout ce qu'on en peut dire, et toutes les réflexions et les plus beaux éloges resteront toujours avec elle inférieurs au simple exposé des faits. Une page de vos Bulletins en eût beaucoup plus appris à cet auditoire que tous mes commentaires et elle l'eût sans doute beaucoup plus remué.

Quelle éloquence, par exemple, dans ces quelques chiffres que j'emprunte à une statistique déjà ancienne!

De 1897 à 1905, les navires-hôpitaux ont commu-

niqué 5 533 fois avec des navires de pêche; ils ont
hospitalisé à leur bord 715 malades, représentant
11 314 journées d'hôpitaux: ils ont recueilli 291 naufragés; ils ont opéré 308 rapatriements gratuits; ils
ont donné en mer 2 735 consultations; ils ont fourni
à des bateaux un millier de médicaments; enfin, et
comme ils font bénévolement office d'intermédiaires
postaux, ils ont remis à nos pêcheurs ou reçu d'eux
pour leurs familles 176 448 correspondances.

Supputez maintenant, puisque leur action n'a cessé
de grandir, leur domaine de s'élargir, les services
qu'ils ont pu rendre à ces mêmes pêcheurs de 1905
à 1910. En doublant les chiffres qui précèdent, vous
avez chance d'être au-dessous de la vérité. (*Applaudissements.*)

Or, Mesdames et Messieurs, l'Œuvre de Mer n'est
pas contenue tout entière dans ses navires-hôpitaux
et dans sa Maison de famille saint-pierraise. Une
maison de famille plus modeste s'est élevée en 1902,
par ses soins, à Faskrudsfjord; un hôpital y a été
annexé, dépendant du vicariat apostolique du Dane-
mark et d'Islande, mais entretenu et pourvu de tous
les perfectionnements modernes sur des fonds recueillis
en France.

Je m'en voudrais d'oublier un dernier service
rendu par votre Société aux malheureuses victimes

LA MAISON DES ŒUVRES DE MER A FASKRUDSFJORD

des pêches arctiques : toutes ne dorment pas sous les eaux de l'Islande ; beaucoup ont été rejetées à la côte par le flot ; quelques-unes se sont éteintes à l'hôpital même. Le cimetière qui recevait les dépouilles de ces infortunés faisait peine à voir jusqu'ici : c'était un tertre sauvage, envahi par la brousse, planté de croix à demi pourries que secouaient les rafales et dont la pluie, la neige avaient effacé les inscriptions. Ah ! le triste lieu pour attendre le signal de l'archange ! Vos aumôniers en ont fait un cimetière décent, un vrai « champ du repos » où les morts sont honorés aux grandes fêtes, et que les parnassies et les pensées fleurissent de mai à septembre. Les croix ont été redressées, les inscriptions rétablies. Que dire de plus, Messieurs ? Œuvre d'assistance, de sauvetage sous toutes les formes, vous avez voulu être, vous êtes encore cette chose douce et sacrée : l'œuvre du Souvenir. (*Vifs applaudissements.*)

⁂

En terminant son discours de l'an dernier, M. Lacour-Gayet, qui vous avait parlé en termes si émus de la vie des pêcheurs, adressait un appel chaleureux à son auditoire et le conjurait de redoubler de zèle pour venir en aide au Comité central des Œuvres de Mer.

Si cet appel a été entendu, vous le savez, puisque l'affluence des souscriptions et le don magnifique d'une grande Française, Mme Piédor, vous ont permis de construire un nouveau vapeur-hôpital, spécialement affecté à l'Islande, la *Notre-Dame de la Mer.*

Mais l'entretien de ce vapeur va grever lourdement votre budget de 1911. Chaque journée de navigation du *Saint-François* revenait à 500 francs; chaque journée du *Saint-François* et de la *Notre-Dame de la Mer* réunis reviendra au double. Vous estimez de ce fait que votre budget de dépenses, qui s'élevait l'an passé à 140 000 francs, atteindra cette année 200 000 francs. Le ministère de la Marine vous a conservé sans doute la modeste allocation de 6 000 francs qui lui parait suffisante pour attester le caractère éminemment national de votre Œuvre. C'est la charité privée qui devra vous fournir le reste, c'est-à-dire la presque totalité de la somme, 194.000 francs.

Je suis tranquille, Messieurs : elle vous les fournira — non pas seulement parce qu'elle est la charité, la charité qui donne sans compter et quelquefois à l'aveuglette, mais parce qu'aucune œuvre n'est plus propre que la vôtre à la prendre aux entrailles. Nous sommes un peuple de marins, et tout ce qui touche à la mer nous émeut irrésistiblement. *God made the world, but the devil made Iceland.* « Dieu a créé le monde, dit un proverbe anglais, mais c'est le diable qui a créé l'Islande. » Hélas! il a créé aussi Terre-Neuve, et l'enfer banquais, j'en ai peur, n'est pas beaucoup plus confortable que l'enfer islandais. Qu'il y ait des hommes pour accepter, contre un infime salaire, de passer la moitié de leur vie dans ces géhennes, c'est une chose qu'on ne saurait assez admirer. Et qu'il y en ait d'autres pour les y suivre par simple humanité, les consoler, les soigner, les préparer à la grande traversée finale vers les rades hospitalières du paradis, c'est ce qui me paraît plus admirable encore. (*Vifs applaudissements.*)

⚊⬥⚊

M. le vice-amiral DE LA JAILLE.

Mesdames,

Messieurs,

Je voudrais avoir l'éloquence de M. Le Goffic pour lui exprimer votre pensée qui est aussi la mienne. C'est qu'il n'était pas possible de dire mieux ce que sont les Œuvres de Mer. On ne pouvait mieux exciter votre pitié pour elles, et même — dois-je dire le mot, moi, votre président, je le risque cependant — votre admiration. (*Vifs applaudissements.*)

Je renouvelle à M. Le Goffic vos remerciements, et en même temps j'espère qu'il voudra bien, comme je le lui ai demandé tout à l'heure, continuer à nous aider, par sa parole éloquente et sa plume si habile, à rester ce que nous sommes.

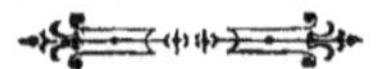

EXTRAIT DES STATUTS

ARTICLE PREMIER.

La Société des Œuvres de Mer, fondée en décembre 1894, a pour objet de porter des secours matériels, médicaux, moraux et religieux aux marins français et des autres nationalités, et plus spécialement à ceux qui se livrent à la grande pêche.

Elle a son siège 18, rue de la Trémoille, à Paris, VIIIe.

ART. 2.

Pour atteindre ce but, elle arme des navires-hôpitaux qui croisent sur les lieux de pêche aux époques convenables; chacun d'eux a un médecin et un aumônier.

Ces navires, se rendant aux appels des pêcheurs, leur portent les secours nécessaires et sont consacrés entièrement à leur service.

Elle fonde des maisons de refuge pour les marins.

ART. 3.

La Société se compose de :
Membres bienfaiteurs,
— fondateurs,
— souscripteurs principaux,
— souscripteurs,
— donateurs.

La Société se réserve de décerner le titre de bienfaiteur aux

Institutions, aux Sociétés et aux personnes qui lui feront un don généreux ou qui lui rendront un important service.

Les fondateurs sont les personnes qui apportent à la Société un don de 500 francs au moins, une fois donné, ou qui souscrivent annuellement une somme de 100 francs au moins.

Les souscripteurs principaux sont les personnes qui versent à la Société une somme de 100 francs au moins, une fois donnée, ou annuellement une cotisation de 20 francs au moins.

Les souscripteurs sont les personnes dont les versements annuels sont inférieurs à 20 francs.

Les donateurs sont les personnes qui font à la Société un versement, une fois opéré, d'une somme inférieure à 100 francs.

Les bienfaiteurs, fondateurs et souscripteurs principaux sont membres titulaires de la Société.

Chaque année, les noms des bienfaiteurs, des fondateurs, des souscripteurs et des donateurs sont inscrits sur les listes de la Société et publiés, ainsi que le montant des sommes versées.

Les noms des bienfaiteurs et des fondateurs depuis l'origine de la Société seront publiés à perpétuité dans le bulletin de la Société. Un diplôme constatant leur titre leur sera délivré.

Les dames sont admises dans la Société au même titre que les hommes.

NAVIRES-HOPITAUX

DE TERRE-NEUVE, D'ISLANDE & DE LA MER DU NORD

Reconnue d'utilité publique par décret du 7 décembre 1898

18, RUE DE LA TRÉMOILLE, PARIS, VIII

Je verserai aux ŒUVRES DE MER, à titre de souscription

annuelle

cette année seulement } (1)

la somme de...*contre quittance qui me sera pré-*

sentée par les soins du Siège social établi à Paris, 18, rue de la Trémoille,

ou du Comité régional de...

ADRESSE :   SIGNATURE :

(1) Prière d'effacer celle des indications qui ne correspond pas aux intentions du donateur.
La Société se chargera de faire recouvrer cette souscription à l'époque que l'on voudra bien lui indiquer.

A MONSIEUR LE PRÉSIDENT

de la Société des Œuvres de Mer

18, rue de la Trémoille.

PARIS-VIIIe.

CONSEIL D'ADMINISTRATION

Président d'honneur : S. G. Mᵍʳ Amette, archevêque de Paris.
Président : M. le vice-amiral Cᵗᵉ de la Jaille, sénateur (G. C. ✸).

Vice-Présidents { MM. E. Le Maréchal, à Saint-Servan.
Victor de Valence de Minardière (✸).

MEMBRES

MM. Abbé André.

B. Bailly, ancien officier de marine (✸).

A. Ballande, armateur à Bordeaux, député.

Ch. Bertinot, avoué honoraire, ancien président de la Chambre des avoués près le Tribunal de la Seine.

U. Bocquet, vice-président de la *Société de secours aux familles des marins français naufragés.*

Duc des Cars.

Dumas, ancien magistrat.

Paul Feron-Vrau, manufacturier à Lille.

Cᵗᵉ Alain de Guébriant, conseiller général, membre du *Yacht-Club de France.*

Vᵗᵉ d'Hendecourt.

Hudelist, commissaire en chef de la Marine en retraite (✸ ✿).

Vice-amiral Humann, président du *Yacht Club de France* (G. O. ✸ O. ✿).

D. B. de Laflotte, avocat à la Cour d'appel de Paris.

Contre-amiral Mathieu (C. ✸).

Mⁱˢ de Montaigu, vice-président du *Yacht-Club de France.*

H. Salles (✸).

L. de Valroger, avocat au Conseil d'État et à la Cour de cassation, ancien président de l'Ordre (✸).

Philippe de Vilmorin, membre du *Yacht-Club de France.*

Cᵗᵉ Robert de Vogüé, ancien officier de marine.

Administrateur-délégué : L. Pujo, capitaine de vaisseau en retraite (C. ✸).

Administrateur-délégué adjoint : C. Duval, capitaine de frégate de réserve (✸).

Mᵉ Chaisemartin, successeur de Mᵉ Bertinot jeune, *avoué de la Société,* 48, rue de Provence.

Mᵉ Faÿ, *notaire de la Société,* 11, rue Saint-Florentin.

647-11. — Imp. P. Feron-Vrau, 5, rue Bayard, Paris.